Cómo invertir dinero:

Cómo triplicar tu dinero y hacer que trabaje para ti. Opciones para invertir, ingresos pasivos, minimizando el riesgo, y más

Liam S. Parker

Copyright 2018 por Liam S. Parker
Todos los derechos reservados.

Este documento está orientado a proporcionar información exacta y confiable con respecto al tema tratado. La publicación se vende con la idea de que el editor no tiene la obligación de prestar servicios oficialmente autorizados o de otro modo calificados. Si es necesario un consejo legal o profesional, se debe consultar con un individuo practicado en la profesión.

- Tomado de una Declaración de Principios que fue aceptada y aprobada por unanimidad por un Comité del Colegio de Abogados de Estados Unidos y un Comité de Editores y Asociaciones.

De ninguna manera es legal reproducir, duplicar o transmitir cualquier parte de este documento en forma electrónica o impresa. La grabación de esta publicación está estrictamente prohibida y no se permite el almacenamiento de este documento a menos que cuente con el permiso por escrito del editor. Todos los derechos reservados.

La información provista en este documento es considerada veraz y coherente, en el sentido de que cualquier responsabilidad, en términos de falta de atención o de otro tipo, por el uso o abuso de cualquier política, proceso o dirección contenida en el mismo, es responsabilidad absoluta y exclusiva del lector receptor. Bajo ninguna circunstancia se responsabilizará legalmente al editor por cualquier reparación, daño o pérdida monetaria como consecuencia de la información contenida en este documento, ya sea directa o indirectamente.

Los autores respectivos poseen todos los derechos de autor que no pertenecen al editor.

La información contenida en este documento se ofrece únicamente con fines informativos, y es universal como tal. La presentación de la información se realiza sin contrato y sin ningún tipo de garantía endosada.

El uso de marcas comerciales en este documento carece de consentimiento, y la publicación de la marca comercial no tiene ni el permiso ni el respaldo del propietario de la misma. Todas las marcas comerciales dentro de este libro se usan solo para fines de aclaración y pertenecen a sus propietarios, quienes no están relacionados con este documento.

Tabla de Contenido

Introducción 7

Capítulo 1: ¿Por qué deberías empezar a invertir? 9

Capítulo 2: Cómo hacer que tu dinero trabaje para ti 15

Capítulo 3: Consejos básicos para invertir y los errores que debes evitar 27

Capítulo 4: Entendiendo el retorno sobre la inversión (RSI) 41

Capítulo 5: La importancia de diversificar 47

Capítulo 6: Entendiendo el riesgo 55

Capítulo 7: Creando un plan de inversión 63

Capítulo 8: Cómo seleccionar una cuenta de inversión 71

Capítulo 9: Lo que debes tomar en cuenta antes de hacer tu primera inversión 79

Conclusión 85

Introducción

Invertir es una de las herramientas disponibles más poderosas para aumentar tus ingresos y generar riqueza, y ni siquiera tienes que ser rico para empezar a construir tu cartera. Cuando se está armado con la mentalidad y el conocimiento correcto, prácticamente cualquier persona puede empezar a invertir, y las diferentes opciones disponibles hacen que sea simple encontrar algo que se ajuste a tus intereses, estilo de vida, y a la capacidad de tu bolsillo. Sin embargo, invertir, a diferencia de apostar, debe ser visto como un proceso a largo plazo en lugar de un generador rápido de riqueza.

Las inversiones pueden ser un tema complejo y profundo. Este libro no pretende contener toda la información que necesitarás para dominar el tema. En cambio, su principal objetivo es orientar a los principiantes que quieren iniciar este camino. No hay una única solución que aplique para todos cuando se trata de invertir porque todos empezamos desde un lugar distinto y tenemos requisitos únicos.

La buena noticia es que una vez que hayas aprendido y perfeccionado los fundamentos y principios básicos de las inversiones, estarás en el camino correcto para crear una buena cartera. Con las inversiones, a veces el enfoque simple rinde mucho mejor que el complicado.

El principal objetivo de este libro es mostrarte que invertir puede ser tan simple como tú quieras que lo sea, y brindarte una introducción firme a los conceptos y temas que todo inversionista debe conocer. Después, podrás continuar explorando y aprendiendo sobre los temas y opciones de inversión que más te interesen.

Gracias por leer. ¡Espero que disfrutes la travesía!

Capítulo 1: ¿Por qué deberías empezar a invertir?

Si alguna vez te has preguntado a ti mismo por qué deberías considerar una inversión, la respuesta es bastante simple: uno invierte para generar riqueza. A menudo, puede ser un proceso simple y satisfactorio que no requiere mucho tiempo ni atención. Si eliges invertir en algo como la bolsa de valores, tendrás un ingreso extra que podrías usar para una jubilación temprana, educación, o por propósitos de ocio y esparcimiento. O podrías heredar esa riqueza a tus hijos o nietos si eso es lo que quieres.

Antes de que inicies tu travesía en el mundo de las inversiones, es una buena idea que tengas una imagen clara de la razón por la que estás ahorrando. Podría ser cualquier cosa: desde tu jubilación hasta pagar tu educación universitaria, o comprar una casa de vacaciones en Hawaii.

Si tomas dos mil dólares y los inviertes en algo como la bolsa de valores, ese mismo dinero podría valer más de treinta mil dólares después de tres décadas si tuviese una devolución del diez por ciento cada año (lo cual es un promedio típico). Tal vez no sea suficiente para que compres la villa en Hawaii, pero al menos será un muy buen comienzo.

No todo el mundo tiene dos mil dólares para comenzar a invertir, pero hay cosas pequeñas que puedes hacer todos los días para comenzar. Por ejemplo, en lugar de comprar café o almuerzo todos los días, puedes ahorrar ese dinero, y aunque puede no parecer mucho, si logras invertir mil dólares adicionales cada año, crecerá a más de un millón después de 4 décadas si aplicamos el rendimiento del diez por ciento por año. Y si comenzaste cuando tenías 20 años, eso sería suficiente para retirarte casi sin ningún esfuerzo adicional.

¿Cómo es posible que el dinero crezca tan rápido con el tiempo? La respuesta es el interés compuesto. Es posible que ya hayas escuchado el término antes. Albert Einstein dijo una vez: "El interés compuesto es la octava maravilla del mundo. El que lo comprende se lo gana. El que no, lo paga". El interés compuesto es una forma casi mágica de hacer crecer tu dinero con la menor cantidad de esfuerzo.

Entonces, ¿qué es el interés compuesto? Básicamente, es cuando el interés en una suma de dinero gana interés, y el interés de ese interés gana todavía más.

Para demostrarlo mejor, echemos un vistazo al interés simple y comparémoslo con el interés compuesto.

Con un interés simple, si tienes cien dólares invertidos y tu tasa de interés es del cinco por ciento por año, para el final del primer año tendrías $105 dólares, gracias a los $5 que ganaste. Al final del segundo año, tus $105 se convertirían en $110 y así sucesivamente.

Ahora comparemos la misma cantidad, pero esta vez con una tasa de interés compuesta del 5% por año. El primer año, ganarías lo mismo que con intereses simples, y tus $100 dólares se convertirían en $105. Para el segundo año, tendrías $110.25, y para el tercer año, $115.76.

El mayor beneficio del interés compuesto es que ganas mucho más dinero con el tiempo que con un interés simple. La Regla del 72 es una forma sencilla en que los inversores determinan cuánto tiempo demorará su inversión en duplicar sin haber contribuido con un centavo más. Para hacer el cálculo, toma la tasa de interés y divídela en 72. Esto te dirá aproximadamente cuánto tardará en duplicarse. Digamos, si tienes una tasa de interés del 5%, al usar el ejemplo anterior, tomaría alrededor de catorce años para duplicar la cantidad inicial.

Con el interés compuesto, cuanto antes comiences a invertir, más beneficios recibirás más adelante. A medida que pasa el tiempo, tu dinero se hará más y más grande. Imagina que tu dinero comienza como un pequeño copo de nieve y termina convirtiéndose en una bola gigante después de unos años. El otro factor importante a tener en cuenta con el interés compuesto es la frecuencia con la que se agrega el interés a tu saldo. Por supuesto, cuanto más compuesto sea, mejor, ya que podrá crecer más rápido.

El interés compuesto es también la forma en que las compañías de tarjetas de crédito ganan mucho dinero. Cuando tienes el interés compuesto contra ti, puede tener consecuencias horribles en tu vida. Imagina que no pagaste un billete de diez mil dólares. Al final del primer año, si el interés era del veinte por ciento, estarías debiendo $12,000. Para el segundo año tu deuda sería de $14,400 y así sucesivamente. Después de algunos años, la cantidad que originalmente debías se duplica rápidamente.

En otras palabras, el interés compuesto puede ser casi mágico cuando está de tu parte, pero, por otro lado, tiene el potencial de arruinar tu vida financiera cuando funciona en tu contra. El interés compuesto es la razón número uno para comenzar a invertir tan pronto como sea posible. Todos los días que has invertido son un día en que tendrás el dinero trabajando para ti, asegurándote de que tu futuro financiero sea prometedor.

Capítulo 2: Cómo hacer que tu dinero trabaje para ti

Así que estás interesado en aprender cómo comenzar a invertir. Felicidades por dar el primer paso en el camino hacia un mejor futuro financiero. Cuando tomas las decisiones correctas y tienes intereses compuestos trabajando de tu lado, invertir puede ser la puerta a una vida de libertad financiera que te permitirá dedicarle tiempo a tus pasiones y no a buscar formas en cómo ganar dinero, gracias al ingreso pasivo generado por tus inversiones.

En este capítulo, veremos cómo los inversores suelen comenzar su viaje. A medida que exploremos más, veremos algunas de las opciones comunes disponibles con las que puedes dar tus primeros pasos. Puede ser desalentador empezar de a poco, pero todos deben comenzar en algún lado, ya sea con $100 dólares o con $20,000. Te sorprenderás de lo rápido que ganarás dinero conforme pase el tiempo, ya que pequeños pasos pueden hacer maravillas para mejorar tu situación actual.

Paso 1: averiguar en qué tipos de activos te gustaría invertir

Invertir consiste básicamente en ahorrar dinero hoy y esperar obtener más en algún momento futuro. Obtenemos más dinero gracias a una tasa de crecimiento compuesto positiva a menudo mediante la adquisición de activos productivos.

Un activo productivo es una inversión que genera dinero a partir de algún tipo de actividad. Por ejemplo, si compras una escultura de un artista famoso, esta no será un activo productivo porque no te generará dinero mientras tú la poseas. Puede o no valer más unos años más tarde. Por supuesto, puedes hacer que funcione para ti si abres un museo y cobras una tarifa de admisión para que la gente lo vea. Por otro lado, tener una casa o un departamento significa que ganarás dinero si decides alquilarlo.

Existen muchos tipos de activos productivos, y cada uno de ellos tiene sus propios aspectos positivos y negativos. Tal vez te encuentras interesado en uno basado en diferentes elementos, como tus recursos existentes, conocimiento, tolerancia al riesgo y temperamento.

Echemos un vistazo rápido a algunas de las opciones que tienes a tu alcance para comenzar tu travesía de inversión.

Equidad comercial. Siempre que poseas acciones en una empresa, recibirás una parte de las ganancias o pérdidas generadas por la misma. La equidad comercial ha demostrado ser uno de los tipos de activos más gratificantes para los inversores. Como inversor, puedes poseer acciones adquiriendo un negocio o comprando acciones. Puedes comprar estas acciones comprando acciones de empresas que se cotizan en la bolsa. Invertir en un negocio puede ser increíblemente gratificante, pero también puede ser muy arriesgado. Como ejemplo, imagina que hace años tenías equidad comercial en una empresa de alquiler de DVD exitosa y, de repente, los servicios de transmisión de video aumentan y como resultado, tu empresa entra en bancarrota.

Los inversores sabios saben lo importante que es la diversificación, porque es importante tener probabilidades a tu favor y reducir tu dependencia a un solo activo, al tiempo que aumenta la probabilidad de que encuentres una oportunidad que te pueda cambiar la vida.

Acciones. Comprar acciones te permite participar en el éxito de una empresa. Cuando compras una acción, posees una parte de una empresa pública. La forma en que funciona, es que los propietarios de la empresa venden el control de la misma a los accionistas a cambio de fondos adicionales para hacer crecer la empresa (esto se conoce como oferta pública inicial). Después de la oferta pública inicial, los accionistas pueden revender las acciones en el mercado bursátil. Los precios de las acciones se mueven dependiendo de las expectativas de las ganancias de la compañía. Cuando los comerciantes creen que las ganancias de las empresas son altas, aumentarán el precio de las acciones. La otra forma en que un tenedor de acciones puede obtener ganancias es si el negocio paga un dividendo. Estos son pagados por la junta directiva de las empresas de las ganancias.

Hay acciones comunes y acciones preferentes. El valor de las acciones comunes depende de cuándo sean negociadas. Los propietarios de estas acciones a veces pueden votar sobre las decisiones de las empresas. Las acciones preferentes, por otro lado, tienen atributos de acciones y bonos comunes. Su valor cambia junto con los precios de las acciones comunes de las empresas. De forma similar a los bonos, hacen pagos fijos, y es por esta razón que solo en raras ocasiones la gente venderá sus acciones preferentes.

Bonos. Estos son préstamos hechos a organizaciones grandes. Estas podrían ser corporaciones, ciudades, gobiernos, etc. Un bono es una gran parte de un gran préstamo. Debido al tamaño de las organizaciones, estas organizaciones les piden dinero prestado de varias fuentes. La organización que pide dinero prestado promete devolver el bono en una fecha determinada. Mientras tanto, la organización prestataria paga los intereses al tenedor de los bonos.

Los bonos tienen un par de formas de brindar frutos: La primera es recibir dinero a través de los pagos de intereses, y la segunda forma es revender el bono. En general, los bonos se consideran más seguros que las acciones, porque puedes recuperar tu principal si optas por mantener el bono hasta su vencimiento.

Bienes raíces. Uno de los tipos de inversiones más antiguas y populares disponibles. Lo primero que aparece en la mente de las personas cuando alguien menciona invertir en bienes raíces es, probablemente, comprar una casa o un apartamento y luego alquilarla para obtener ganancias. Sin embargo, existen múltiples formas de ganar dinero con estas propiedades. Por ejemplo, desarrollar una propiedad y venderla para obtener ganancias, o comprar tierras y esperar algunos años para que aumente su valor. Los bienes raíces son muy populares entre los inversores debido a lo fácil que resulta usar el apalancamiento. Por supuesto, esto puede ser una espada de doble filo si la inversión resulta ser mala, pero cuando se toman las decisiones correctas, esta opción puede ayudar a alguien con poco patrimonio neto a acumular recursos rápidamente.

Propiedades intangibles Esta puede ser una clase de activo muy práctica porque cuando se gestiona de la manera correcta, básicamente te imprime dinero. Una propiedad intangible puede ser cualquier cosa, desde una marca registrada hasta regalías de música. Una vez que hayas invertido en una propiedad intangible exitosa, generará dinero casi en piloto automático para ti, y a veces por muchos, muchos años.

Productos básicos que producen bienes. Los bienes que producen productos básicos a menudo implican bienes raíces, pero donde difieren es que está produciendo o extrayendo algo del área, como es el caso de las tierras de cultivo. Por ejemplo, si se descubre petróleo en un terreno del que eres dueño, puedes ganar mucho dinero extrayéndolo y vendiéndolo. Si cultivas granos o vegetales, puedes venderlos y obtener ganancias cada cierto tiempo.

Ahora que hemos echado un vistazo a los tipos de activos más populares por los que podrías optar, el siguiente paso es elegir cómo te harás dueño de ellos. Para simplificar, tomemos la equidad empresarial como ejemplo: puedes decidir que quieres una participación en una empresa que cotiza en la bolsa. A continuación, podrías tener las acciones directamente o mediante el uso de una estructura agrupada. Echemos un vistazo a estas dos opciones.

Propiedad absoluta. Cuando eliges la propiedad absoluta, compras acciones de negocios individuales directamente y luego las ves en tu balance o en el balance de algo sobre lo que tienes control. Hay muchas estrategias con respecto a impuestos de las que puedes beneficiarte al elegir esta opción. La desventaja más grande de la propiedad absoluta, es que tiende a ser más costosa y tiende a ser mejor una vez que se sube a los números más altos, por lo general alrededor de $200,000 o más. Debido a esto, esta no es una opción que esté al alcance de la mayoría de los inversores, especialmente aquellos que están comenzando.

Propiedad compartida. Con la propiedad mancomunada, tu dinero se mezcla con el dinero de otras personas y la propiedad se compra a través de una entidad compartida. Los inversores que han acumulado riqueza terminan invirtiendo en fondos de cobertura. Para los inversores que no poseen tanto capital, la única forma de comprar carteras diversificadas a precios accesibles es mediante fondos negociados en bolsa o fondos indexados. El principal inconveniente es que los inversores tendrán poco o ningún control sobre ellos. Hay muchos grupos, como los clubes de inversión, que utilizan fondos mancomunados para poder invertir en acciones, bonos, etc. La cuenta combinada ayuda a los inversores, ya que se les considera titulares únicos de la cuenta y les permite invertir en más acciones.

Una vez que hayas elegido una forma de adquirir tus activos, el siguiente paso es elegir cómo los vas a mantener. Esto es extremadamente importante, ya que incluso puedes tener resultados que alteren la vida de quienes te rodean, como tus hijos. Con una planificación cuidadosa, especialmente en la fase inicial, podrás obtener enormes beneficios con el paso del tiempo.

Echemos un vistazo a las opciones disponibles:

Cuentas imponibles. Cuando eliges cuentas imponibles (como una cuenta de corretaje, por ejemplo), tendrás que pagar impuestos a lo largo del camino, pero con el beneficio de que tu dinero no está restringido y puedes gastarlo como tú desees. Puedes optar por gastarlo todo en una villa hawaiana o agregarle la cantidad que tú quieras año con año y sin restricciones. Es la mejor opción si lo que buscas es flexibilidad, pero los impuestos tendrán que pagarse sobre la marcha.

Refugios fiscales. Obtendrás varios beneficios, especialmente en términos de impuestos cuando inviertas en cosas como un plan 401k. Es común que las cuentas de jubilación tengan protección por bancarrota, de modo que, en caso de que haya un evento que afecte gravemente tu vida financiera, tu capital de inversión estará fuera del alcance de los acreedores y aún podrás conservarlo. Algunas cuentas tienen limitaciones sobre el tipo de protección de activos que ofrecen, por lo que siempre es una buena idea conocer todos los términos y condiciones. A menudo, estas cuentas son diferidas de impuestos, lo que significa que podrás hacer crecer tu cuenta año tras año y solo pagar impuestos en el futuro una vez que retires tu dinero. Un buen inversor conoce la importancia de una planificación fiscal firme, ya que puede equivaler a una gran cantidad de dinero adicional en el futuro.

Fondos fiduciarios. Es posible mantener inversiones a través de fondos fiduciarios y otros mecanismos de protección de activos. Los fondos fiduciarios son entidades legales que poseen propiedades para terceros, y existen varios tipos. Usualmente, hay tres partes involucradas: el otorgante, el beneficiario y el fiduciario. El otorgante es quien estableció el fondo fiduciario y quien dona el dinero o cualquier cosa de valor al fondo y elige los términos. El beneficiario es básicamente para quien se estableció el fondo fiduciario. El fideicomisario puede ser un individuo, una institución o un grupo de asesores de confianza que tienen la responsabilidad de supervisar que el fondo mantenga sus obligaciones según lo previsto.

Capítulo 3: Consejos básicos para invertir y los errores que debes evitar

En el mundo de la inversión, hay algunos principios que probablemente sean indiscutibles. Echemos un vistazo a algunos de los fundamentos más importantes que todo inversor debe conocer.

-**Diversificación**. Cada tipo de inversión a menudo marcha al ritmo de su propio tambor, y un gran ejemplo de esto son los bienes raíces. En otras ocasiones, notarás que cuando los bonos están arriba, las acciones también lo están. No poner todos tus huevos en una sola canasta ayudará a evitar que pierdas demasiado si parte de tus inversiones no resultan ir tan bien.

—**Sé consciente de tu tolerancia al riesgo**. Todo inversor debe saber cuál es su tolerancia al riesgo. Si eres capaz de continuar incluso después de pérdidas potenciales, entonces puedes beneficiarte de inversiones más riesgosas. Si no soportas la idea de perder unos cuantos dólares, es mucho mejor que optes por inversiones lentas y constantes.

–**Planifica y haz que tus inversiones sean automáticas.** En lugar de pensar constantemente en la cantidad de dinero que vas a reservar cada mes, planifica una cantidad determinada de dinero para invertir y asegúrate de seguir con tu plan. Cuando las inversiones se efectúan en el piloto automático, evitarás la llamada parálisis del análisis y el echarte para atrás.

-**Cuentas de jubilación.** A veces, las cuentas de jubilación pueden ofrecer muchas ventajas, especialmente con respecto a los impuestos. Algunas cuentas de jubilación harán que el impuesto a la inversión inicial sea deducible. En otros casos, solo pagas impuestos cuando el dinero se retira al momento de la jubilación. En otras ocasiones, el empleador igualará el dinero que deposites en tu cuenta de jubilación.

–**Mantente bien informado.** Investiga un poco sobre posibles inversiones y trata de aprender todo lo que puedas antes de invertir una gran cantidad de dinero. Busca fuentes confiables que se mantengan al día con las tendencias del mercado y la economía global. Es muy importante estar al tanto de lo que estás haciendo con tu dinero.

-**Invierte tan pronto como te sea posible**. Esto es tan importante que vale la pena repetirlo. Cuanto antes comiences a invertir, menos dinero tendrás que apartar para alcanzar el objetivo financiero que has establecido, gracias al tiempo y a los intereses compuestos.

-**Evita tratar de predecir los mercados**. Es extremadamente difícil, incluso para los expertos, predecir el comportamiento del mercado. Si te interesa invertir regularmente para obtener beneficios a largo plazo, no hay forma de evitar los altibajos. En lugar de tratar de hacer predicciones, trata de poner la misma cantidad de dinero cada año o mes, por ejemplo, si un mercado está alto termina por comprar menos acciones y, por otro lado, compra más cuando se encuentre bajo.

-**No pierdas el sueño por las cosas pequeñas**. Es común que tus inversiones tengan movimientos de un día para otro. Al monitorear la actividad de tus inversiones, es mejor adoptar una mentalidad con una perspectiva de gran escala. En lugar de preocuparte por pequeños movimientos, trata de mantener la confianza sobre la calidad de tus inversiones. Por supuesto, hay muchos operadores activos que usan estas fluctuaciones a corto plazo para ganar dinero, pero tus ganancias como inversionista a largo plazo deben provenir de movimientos que ocurren después de varios años o incluso décadas. En lugar de preocuparte por las cosas pequeñas, siempre puedes continuar educándote sobre las inversiones.

-**Evita ir detrás de cada tendencia**. A veces, es posible que escuches a familiares o amigos sobre lo bien que lo están haciendo con el tipo de inversión X, y puedes sentirte tentado de entrar directamente, después de todo, el consejo proviene de alguien cercano a ti en quien confías. El mejor enfoque, sin embargo, es estar siempre al tanto de las razones por las que estás haciendo una inversión y hacer tu propia investigación y análisis antes de tomar cualquier decisión. Por supuesto, mucha gente entra ciegamente y gana mucho dinero, pero básicamente están apostando. Hacer esto no te convertirá en un inversor exitoso a largo plazo.

–**Revisa tu cartera**. Puedes sentirte tentado de no revisar tu cartera cuando te esté yendo bien, pero es importante hacerlo periódicamente. No solo cambia el clima económico, sino que tus necesidades de dinero también cambian de un día a otro.

-**Tener una mentalidad a largo plazo**. Una realización difícil sobre la inversión es que estamos tratando de tomar buenas decisiones basadas en cosas de las que no estamos seguros. Si bien podemos aprender mucho de datos pasados y usarlo como una indicación de lo que podría ocurrir en el futuro, no hay una forma infalible de estar 100% seguros de los resultados. Los inversores novatos podrían verse atraídos por las grandes ganancias a corto plazo. Sin embargo, es crucial adoptar la mentalidad a largo plazo y olvidarse de la mentalidad de "entrar y salir rápido".

-**Mantén una mente abierta.** Puedes hacer grandes inversiones con nombres ya conocidos, pero hay mucho que ganar con compañías más pequeñas. Muchas empresas nuevas y pequeñas tienen mucho potencial para convertirse en peces grandes en el futuro. Por supuesto,

esto no es para sugerir que debas invertir todo tu dinero en pequeñas empresas, pero puede ser muy gratificante diversificar y tomarlas en cuenta.

-Compra cuando otros vendan. La mayoría de los inversionistas son impulsados principalmente por dos cosas: el miedo y la codicia. Cada vez que hay un declive en el mercado, muchos inversores se asustan y cometen el error de vender. Esa es una mala estrategia porque la gente tiende a controlar sus pérdidas en este punto. Posteriormente, cuando los mercados repunten, los mismos inversores volverán a estar cerca del próximo pico del mercado. Este tipo de comportamiento hace que el inversor promedio a largo plazo gane menos del 4 por ciento, mientras que otros pueden ganar cerca del 10 por ciento.

Es relativamente simple aprovechar el miedo y la codicia que hace que los inversores vendan cuando un mercado cae y comprar en los picos del mercado. La principal forma de ganar dinero con estos comportamientos irracionales es elegir una estrategia de inversión y no desviarse de ella. Luego, cuando el mercado caiga, compra acciones adicionales y agárralas durante el próximo mercado alcista. Evita ser influenciado por la exageración y el pensamiento de la mayoría. Con la inversión, es con una cabeza fría y racional que se obtienen los mejores resultados.

Ahora echemos un vistazo a los errores de inversión más comunes y a cómo evitarlos.

-**Invertir en algo que no entiendes**. Digamos que has escuchado grandes cosas sobre una industria de la que no sabes nada. Con demasiada frecuencia, los inversores dejan de lado grandes sumas de dinero en la última industria moderna para darse cuenta de que han cometido un gran error unos meses o años después. Puedes ganar dinero saltando a la nueva tendencia, pero ten en cuenta que tienes una gran ventaja sobre la mayoría de los inversores cuando realmente entiendes un negocio.

Por ejemplo, si administras un restaurante, es probable que estés familiarizado con la industria y las empresas involucradas. Probablemente verás las tendencias de primera mano antes de que se hagan públicas y, por extensión, que sepas cómo le está yendo a la industria en general. Este conocimiento te permitirá detectar oportunidades y tomar buenas decisiones. En muchos casos, el conocimiento de primera mano puede igualar ganancias y evitar pérdidas.

Cuando inviertes en algo de lo que sabes poco, es posible que no entiendas las sutilezas importantes que pueden brindarte gran cantidad de información para tomar decisiones. Por supuesto, no es necesario ser un médico para invertir en atención médica, pero tener una imagen clara de la industria y ser muy consciente de cómo le va en relación con nuestra economía nunca está de más. Una de las mejores cosas que puedes tener es una ventaja sobre todos los demás inversores.

-**Acciones y altas expectativas.** Mucha gente ve las acciones de bajo precio como boletos de lotería glorificados, y creen que pueden convertir sus $400 en una pequeña fortuna. Por supuesto, eso puede suceder a veces, pero no debería ser tu modus operandis como inversor. Es importante ser realista acerca de lo que podrás obtener del rendimiento de las acciones. No dudes en echar un vistazo al rendimiento de las acciones en el pasado y cómo lo están haciendo los competidores de la misma industria. Es común que una acción actúe como lo hizo en el pasado, y eso probablemente sea cierto con la industria general en la que estás interesado.

-Invertir dinero que no te puedes permitir arriesgar. Te sorprendería ver cómo cambia el estilo de negociación de las personas cuando usan dinero que no pueden permitirse arriesgar. Sus emociones influyen en sus acciones, se estresan en extremo y toman malas decisiones que de otro modo nunca hubieran tomado. Nunca es aconsejable invertir el dinero que necesitas para cosas importantes y que no puedes permitirte perder. Cuando se trata de dinero que puedes arriesgar, te sentirás mucho más relajado al tomar decisiones y no te sentirás impulsado por el miedo u otras emociones negativas.

-Impaciencia. Quizás has investigado la industria y has decidido invertir una cantidad de dinero que estás dispuesto a arriesgar. En muchos casos, es común impacientarse y tomar decisiones apresuradas que podrían terminar costando mucho. A veces olvidamos que las acciones son acciones de una empresa y, por lo general, una empresa tiene una operación muy lenta, a menudo más de lo que nos imaginamos. Por ejemplo, cuando una empresa aplica una nueva estrategia, puede llevar varios meses, sino años, para que se vean los efectos. Es común que los inversores compren acciones y que esperen que actúen a su favor casi de inmediato. Esto no considera la línea de tiempo real en la que la mayoría de las empresas funciona.

-**Aprendiendo del lugar equivocado**. Esto es algo muy importante para recordar, ya que hay una cantidad interminable de los llamados expertos que están dispuestos a darte sus opiniones. Una gran parte de lo que implica ser un buen inversor es poder identificar las mejores fuentes de orientación que te ayudarán a alcanzar tus objetivos financieros. La triste verdad es que por cada buen consejo, probablemente haya otros cien que divulguen mala información que no te llevará a ninguna parte.

A veces podemos quedar impresionados después de ver a alguien en una entrevista importante, pero esto no siempre significa que son una autoridad en el tema y que saben de lo que están hablando. A menudo, estas personas tendrán una comprensión firme de su tema, pero otras veces, puede que estén equivocados.

Uno de tus objetivos como inversor debe ser evaluar qué fuentes de información han mostrado un patrón de tendencias de sabiduría confiable y consistente. Además, una vez que hayas identificado estas fuentes, solo debes confiar parcialmente en sus opiniones y mezclarlas con tus propios pensamientos antes de tomar cualquier decisión.

- **Promediando**. Esto se refiere básicamente a cuando los inversores cometen un error y luego intentan compensarlo. Por ejemplo, pensemos que alguien compra una acción a $4, y ésta cae a $2 unos días más tarde. Entonces este inversor intenta reparar el daño comprando unas nuevas acciones a $2.

Al final, este inversor compró acciones a $4 y luego algunas más a $2, por lo que su precio promedio por acción es más bajo. En teoría, esto puede verse bien, ya que hace que sus pérdidas se vean mejor. Pero, en realidad, el inversor ha comprado una acción que recientemente perdió valor y está invirtiendo dinero en una operación perdedora. Esta es la razón por la cual muchos expertos mencionan que promediar es como frotar sal en una herida.

Una mejor estrategia es promediar. Cuando notes que una acción se está moviendo en la dirección correcta, es un gran momento para comprar más.

-Inversión basada en investigación superficial o conceptos básicos. Los inversores que dedican poco tiempo a investigar las industrias o empresas en las que están interesados suelen cometer errores costosos. Si observas las señales de advertencia y conoces todos los aspectos de una industria, es menos probable que te sorprendas por un evento que afectará tus inversiones. Una vez que conoces y entiendes los riesgos potenciales, y una vez que te sientes seguro sobre las tendencias generales de la industria que has estado investigando, estás bien encaminado para tomar buenas decisiones.

Un error común cometido por muchos inversores es encontrar una empresa o industria que parezca tener sentido y luego invertir mucho dinero en ella. Por ejemplo, la popularidad de los autos eléctricos va a seguir en aumento en los próximos años, y algunos inversionistas podrían suponer que es una gran idea invertir en acciones de autos eléctricos. Desafortunadamente, no es tan simple.

Si nos remontamos al cambio de siglo, cuando el automóvil era una invención revolucionaria que cambiaría para siempre nuestras vidas, había casi dos mil compañías de automóviles en Estados Unidos. Pero casi todas y cada una de estas compañías desaparecieron. Esto dio lugar a que muchos inversores en compañías de automóviles sufrieran muchas pérdidas.

Es común pensar que algo sería una gran inversión solo porque parece ser una buena idea, y que por lo tanto, su precio aumentará. Si invertir fuera tan simple, mucha más gente sería rica.

Curar el cáncer y los autos eléctricos son excelentes ideas, pero las buenas ideas por sí mismas no son buenas inversiones. Centrarse en un buen concepto es bueno, pero solo cuando te enfocas en las mejores compañías de calidad en relación a su actividad. Una buena compañía debe tener varios atributos buenos, como una gran administración, mayores ingresos y una mayor participación en el mercado.

Todo inversor está obligado a cometer algunos errores a lo largo de su trayectoria. De hecho, la mayoría de los inversores seguirá cometiendo los errores de los que hemos hablado en este capítulo. Afortunadamente, puedes usar lo que has aprendido de tus pérdidas para saber cómo evitarlas en el futuro.

Por fortuna, los errores son uno de los mejores maestros que tenemos, y el inversionista promedio que sabe cómo aprender de sus errores sabrá cómo evitar ciertas trampas después de una serie de malas negociaciones. Y al ser muy consciente de los errores que hemos mencionado, automáticamente estarás en una posición mucho mejor que la mayoría de los inversores.

Capítulo 4: Entendiendo el retorno sobre la inversión (RSI)

Es importante que cada inversor sepa cómo calcular el retorno sobre la inversión (RSI) para que pueda evaluar adecuadamente la inversión en la que está interesado. Independientemente del tipo de inversión que estés analizando, generalmente es posible tener una idea de este retorno, mismo que será clave para tomar buenas decisiones. Calcular el RSI es fundamental, y una gran parte de lo que importa para tomar una decisión de inversión bien informada. Aunque el cálculo es bastante universal, cada tipo de inversión tiene sus variables que pueden afectar las decisiones que tomas. En esta sección, analizaremos los factores a considerar cuando analicemos el RSI para que puedas tomar tus propias decisiones de manera inteligente y bien informada.

Los básicos

El RSI es bastante simple. Para hacer el cálculo, toma la ganancia de la inversión al final de tu marco de tiempo elegido, y luego resta el costo de la inversión. Luego, divide el total por el costo de la inversión.

Por ejemplo, imagina que estás interesado en comprar una pieza de arte rara en una casa de subastas. Adquieres la obra de arte por $75,000 y luego gastas $35,000 en trabajos de restauración. Después de aplicar todos los honorarios y gastos de la comisión, ganas $160,000 al venderlo. Para calcular el RSI, toma el monto neto ($160,000 en este caso) y resta los gastos ($75,000 de la compra inicial más $35,000 de trabajo de restauración). En este caso, obtenemos $50,000. Si dividimos los 50,000 por $110,000 obtenemos 0.45. Entonces, eso significa un 45% del RSI en este ejemplo particular.

Debido a que el retorno de la inversión es un porcentaje, puede ayudar a aclarar las cosas frente a simplemente mirar los rendimientos en términos de dinero. Imagina que dos de tus compañeros de trabajo, Paul y Tara, comienzan a hablar sobre las inversiones recientes que han realizado. Tara te dice que invirtió $100 dólares en opciones y Paul invirtió $5000 en una obra de arte coleccionable. Estos dos números son su devolución.

Puede parecer que Paul hizo la mejor inversión. Sin embargo, sin mirar la imagen completa, es difícil tomar una decisión precisa.

Sin escuchar acerca de sus costos, ¿qué pasaría si la inversión inicial de Tara fuera de solo $40 dólares, mientras que la de Paul fue de $390,000? Esto significaría que el RSI de Tara fue mucho mejor. El valor monetario de una devolución tiene muy poco significado si no tomamos en cuenta los costos de inversión. Si no lo haces, no será posible que tomes las mejores decisiones a tu alcance, así que ten siempre en cuenta el costo inicial de una inversión y los costos continuos también.

Acercándonos al RSI

La buena noticia es que la fórmula para calcular el RSI es la misma para cada tipo de inversión. Cuán arriesgada es una inversión depende completamente de los costos y los rendimientos. Echemos un vistazo a algunos casos en los que es muy común cometer errores al calcular devoluciones.

Con bienes raíces, hay un par de formas principales en que se pueden obtener devoluciones. Por lo general, uno alquila su propiedad o espera a que se aprecie para luego venderla a un precio más alto. Cualquier ingreso que generes por ese alquiler debe agregarse a tus ganancias generales. Los costos pueden ser diversos, ya que provienen del costo inicial de la propiedad, impuestos, mantenimiento, etc.

Un error común cometido por personas interesadas en invertir en bienes raíces es, por ejemplo, decir que obtendrás un 150% de rentabilidad cuando vendas tu casa considerando solo la inversión inicial e ignorando todos los otros costos que pueden acumularse rápidamente. Cuando se habla de ingresos por alquileres, pueden ocurrir errores similares, ya que puedes estar descuidando impuestos, costos de seguros, etc.

Los bienes raíces pueden ser una gran opción cuando se realizan correctamente, pero es muy fácil confundir las cosas y tomar malas decisiones cuando no se considera la imagen completa.

Curiosamente, los inversores tienden a estropear los rendimientos de las acciones de forma similar a los bienes raíces. Los costos más imprecisos tienden a ser tarifas de transacción. Si no tienes en cuenta las tarifas de transacción que tienes que pagar al comprar y vender una acción, entonces es posible que no calcules tu RSI de la manera correcta.

Las obras de arte raras o coleccionables como las tarjetas de béisbol pueden venderse por cantidades estratosféricas de dinero. Tus RSI pueden ser sorprendentes en comparación con tus costos originales. Sin embargo, es típico comprarlos a precios ya altos, y generalmente necesitan algún tipo de mantenimiento o seguro. Estos costos te quitan una gran parte de tus ganancias.

Ahora echemos un vistazo a las inversiones apalancadas. El apalancamiento es la estrategia de inversión común de usar dinero prestado para buscar mayores ganancias. Estas ganancias generalmente provienen de la inversión en el dinero prestado y los costos del interés asociado. El capital prestado puede provenir de diferentes fuentes. Ahora bien, este tipo de inversiones son un caso interesante cuando se habla de RSI, porque permiten que la inversión inicial se multiplique, generalmente muchas veces, y pueden dar múltiples rendimientos. Algunos comerciantes obtienen un RSI increíble, pero los riesgos que corren equilibran las cosas.

Como puedes ver, el retorno de la inversión es un cálculo bastante simple que te permite conocer el rendimiento final de la mayoría de las inversiones. Sin embargo, hay un factor que generalmente no consideramos cuando hablamos de RSI, y eso es el tiempo. Imagina que estás viendo un par de inversiones y notas que tus RSI son extremadamente diferentes: una tiene un RSI del 400% mientras que la otra tiene un ROI del 50%. Suena bastante simple, ¿verdad? Parece cuestión de elegir la primera opción ya que la devolución parece ser mayor. Sin embargo, ¿qué ocurre si la primera opción tarda varios años más en pagarse que la segunda?

Recuerda que el RSI debe verse como un punto de partida fundamental para realizar cualquier inversión. Si tomas en cuenta todos los otros factores mencionados, deberías contar ya con una gran ventaja que te permita tomar una decisión firme e informada.

Capítulo 5: La importancia de diversificar

Si te juntas con inversores el tiempo suficiente, es inevitable que escuches la palabra diversificación al menos una vez. La frase "no pongas todos tus huevos en una sola canasta" lo resume bastante bien. En este capítulo, daremos un vistazo al importante papel que la diversificación tiene en tu portafolio, y por qué es uno de los aspectos fundamentales que siempre debes tener en cuenta. Veamos cómo podemos hacer uso de la diversificación para que funcione a nuestro favor.

Explicando la diversificación

Como se mencionó, la idea principal de la diversificación es construir una cartera que tenga inversiones diferentes. El objetivo principal de esto es reducir el riesgo. Imagina que tu cartera incluye solo una acción en una empresa. Si ese es el caso, entonces el 100% del rendimiento de tu cartera depende de esa acción. Si el negocio no funciona bien o experimenta una desaceleración significativa, tu cartera recibirá un gran golpe y terminarás perdiendo una gran cantidad de dinero. Si en cambio eliges dividir tu cartera al incluir acciones de tres negocios diferentes, entonces reduces la probabilidad de que una baja te afecte demasiado.

Hay otras maneras de disminuir el riesgo en una cartera de inversiones. Por ejemplo, los bonos y el efectivo son excelentes opciones. La mayoría de los inversores pasan mucho tiempo pensando en estrategias para sus carteras en relación con el uso de acciones y bonos, y no dedican suficiente tiempo a pensar en estrategias sobre cómo utilizar el efectivo de manera eficiente. El efectivo es particularmente importante porque se puede usar rápidamente en caso de una emergencia, o se puede acceder a él en caso de que haya una ventana para una oportunidad de inversión. Siempre es una buena idea tener una parte de tus inversiones en efectivo. Lo mismo ocurre con los valores del mercado monetario a corto plazo, ya que pueden liquidarse rápidamente en caso de que necesites dinero cuando te encuentres con una oportunidad o si te encuentras con alguna necesidad urgente.

La asignación de activos y la diversificación son conceptos relacionados, y una cartera bien diversificada se construye con el proceso de asignación de activos. Al construir una cartera, muchos inversionistas agresivos obtienen una proporción de aproximadamente 75% de acciones y 25% de bonos, mientras que los inversionistas más cautelosos optan por lo contrario, 75% de bonos y 25% de acciones. No importa qué tipo de enfoque estés utilizando, ya que siempre puedes usar la asignación de activos para mejorar tus probabilidades y reducir el riesgo seleccionando la proporción de acciones y bonos que sea correcta para ti. Los porfolios de fondos mutuos que contienen una combinación de acciones y bonos se consideran equilibrados. Este saldo ayuda a diseñar una relación riesgo-recompensa que te brinda la oportunidad de obtener una tasa de rendimiento de tu inversión que depende de la cantidad de riesgo con la que estás de acuerdo. Como ya sabes, mientras más riesgos tomes, mayores serán los rendimientos potenciales.

Si eres alguien con recursos limitados o prefieres un escenario de inversión sin complicaciones, lo mejor es elegir un fondo mutuo balanceado e invertir todos tus activos en él. Los fondos equilibrados también se conocen como fondos híbridos, porque mantienen un equilibrio entre dos clases de activos, al tener, por ejemplo, una proporción de aproximadamente 60% de acciones y 40%. Sin embargo, para la mayoría de las personas este enfoque es demasiado simplista. Los inversores adinerados a menudo prefieren estrategias que están diseñadas para requisitos que a veces son más complejos (reducir los impuestos a las ganancias de capital y crear flujos de ingresos sólidos, por ejemplo). Además, cuando inviertes en un fondo mutuo único, te proporcionará diversificación con las clases de activos básicos de acciones y bonos, pero las opciones de diversificación van más allá de estas categorías. Los bonos también ofrecen muchas opciones para aquellos interesados en la diversificación con cuestiones de corto o largo plazo. Los inversores también pueden elegir bonos de alto rendimiento o bonos municipales.

Además, toma en cuenta que, aunque las acciones y los

bonos son las opciones más tradicionales disponibles cuando se crea una cartera, existen otros tipos de inversiones que te pueden ayudar a diversificar aún más, como los bienes raíces, los fondos de cobertura, etc. Muchos de ellos existen dentro de su propio espacio y no siempre se ven afectados por la forma en que los mercados financieros tradicionales se mueven, lo que los convierte en una gran opción para construir una cartera diversa.

Unas palabras finales sobre la diversificación

Como puedes ver, hay múltiples opciones disponibles para ayudar a que tu cartera sea más diversificada, e incluso puede que pienses que la diversificación suena lo suficientemente simple como para lograrla, pero en realidad, la toma de decisiones acertadas aplica incluso a la cartera más óptimamente diversificada. Incluso sería relativamente más simple irse por la borda y diversificarse demasiado, lo que en su momento podría tener efectos negativos. Para las acciones, la mayoría de los expertos están de acuerdo en que 20 es un número ideal para una cartera bien diversificada. Teniendo esto en cuenta, comprar treinta acciones o más probablemente hará más daño que bien. Cuando se diversifica en exceso, disminuyen las posibilidades de que tus inversiones tengan un gran impacto. Es común que una cartera sobrediversificada comience a comportarse como un fondo indexado.

Como inversor, tienes varias herramientas para seleccionar al momento de construir tu cartera. Es probable que haya algo que se adapte a tus necesidades individuales. Para aquellos que no tienen suficiente tiempo, dinero o no quieren gastar demasiado tiempo pensando en inversiones, los fondos mutuos son una de las mejores opciones, ya que hay un fondo que atiende varios tipos diferentes de estrategias de asignación. Si estás interesado en valores individuales, podrás encontrar acciones y bonos que cumplan con sus requisitos. Si estás interesado en arte u objetos coleccionables, también puedes invertir en ellos y agregarlos a tu cartera.

Toma en cuenta que no existe un método de diversificación específico que satisfaga las demandas de la mayoría de los inversores. Todos tienen diferentes tolerancias de riesgo, objetivos financieros, tiempo, etc. junto con un grado de experiencia financiera que jugará un papel importante en la estrategia de diversificación que se podría usar. Si estás interesado en acciones y bonos, descubrir cuál es la combinación adecuada para tu cartera puede ser una excelente manera de comenzar. A partir de ese momento, puedes decidir si deseas utilizar cualquier tipo de inversión adicional para crear tu propia estrategia de diversificación.

Capítulo 6: Entendiendo el riesgo

Desafortunadamente, no hay forma de evitarlo: invertir es arriesgado, y los riesgos pueden conllevar pérdidas importantes, pero también mucho que aprender y obtener de ellos.

Los buenos inversores saben cómo sopesar y evaluar las posibles recompensas contra el riesgo y tomar buenas decisiones en función de si la inversión vale la pena. Comprender el equilibrio entre el riesgo y las recompensas es fundamental para formar tu propia filosofía de inversión.

La mayoría de las inversiones tendrán un cierto grado de riesgo. A menudo, cuanto mayor sea el nivel de riesgo, mayores serán los rendimientos potenciales. Pero hay un concepto adicional que debes tener en cuenta: cuanto mayor sea el nivel de riesgo, más difícil será lograr el mayor rendimiento. Para comprender mejor esto, debes conocer tu nivel de comodidad y saber cómo evaluar el riesgo relativo del tipo de inversión que te interesa.

La mayoría de los inversores piensan en el riesgo de una manera incompleta. Piensan en el riesgo como la probabilidad de perder dinero mientras invierten, pero en realidad, esto es solo parte de una imagen más amplia que debe ser tomada en consideración. Existen otros tipos de riesgos que se deben considerar al evaluar una inversión. Echemos un vistazo a los más importantes.

¿Mis inversiones perderán dinero? Este es, por supuesto, el tipo de riesgo más común. Por supuesto, puedes hacer inversiones que casi garantizan que no perderás dinero, pero las posibilidades de obtener un rendimiento que valga la pena serán escasas. Como ejemplo, puedes echar un vistazo a los bancos de confianza en los EE. UU. Tu dinero se encontrará seguro si está en un banco, sin embargo, una vez que haga efecto la inflación, los rendimientos serán muy pocos.

¿Lograré mis metas financieras? Hay algunos elementos que determinarán si podrás lograr tus objetivos, y estos son: cuánto has invertido, el período de tiempo invertido, el RSI o el crecimiento, los impuestos, la inflación, las tarifas, etc. Como se mencionó, si no eres capaz de manejar el riesgo al invertir, ganarás muy poco dinero a cambio. Hay formas en que puedes compensar la menor tasa de rendimiento, por ejemplo, aumentando la cantidad de tiempo que tu dinero se invierte. Para la mayoría de los inversores, una cantidad moderada de riesgo es aceptable, ya que aumenta las posibilidades de lograr mejores rendimientos. Al tener una cartera diversificada con activos que conllevan diferentes grados de riesgo, estos tienen una mejor oportunidad de sacar el máximo provecho de un mercado en alza a la vez que están protegidos de pérdidas significativas.

Qué tan dispuesto estoy a aceptar un mayor riesgo. Los inversores deben ser conscientes de su nivel de comodidad personal con el riesgo y convertirlo en una parte importante de los planes de inversión que construyen. Si tu cartera tiene una gran cantidad de riesgo, el potencial de grandes retornos será alto, pero también hay una alta probabilidad de falla. Ningún inversor debería estar constantemente estresado y ansioso al pensar en sus inversiones. No existe un estándar para una cantidad correcta de riesgo, ya que es algo personal para cada inversionista. A menudo, los inversores jóvenes pueden permitirse mayores niveles de riesgo que los inversores más antiguos, porque tienen más tiempo para recuperarse de las fuertes pérdidas.

Inversiones de bajo versus alto riesgo

Podríamos decir que una inversión es de alto riesgo cuando hay una alta probabilidad de perder capital, tener un rendimiento subóptimo o una pequeña posibilidad de una pérdida significativa. Cuando se habla de un alto porcentaje de capital perdedor, esto puede ser muy subjetivo. Imagina que alguien le dijo a dos inversores que existe un 60% de posibilidades de obtener ganancias con x inversiones. El primer inversor puede encontrar que el riesgo del 40% es demasiado, pero el segundo podría pensar que una probabilidad del 60% de éxito suena bastante bien. Por el contrario, con un 90% de probabilidad de que una inversión no gane capital, casi todos estarían de acuerdo en que el riesgo es demasiado.

Una pequeña posibilidad de tener una pérdida significativa es un tipo de riesgo que muchos inversores no suelen considerar. Como ejemplo, imagina esto: las posibilidades de que alguien sea atacado por un gato en su vida son bastante altas, digamos que son cercanas al 30%. Sin embargo, las probabilidades de morir por esto son extremadamente bajas, menos del 1%. Ahora, como una comparación, las posibilidades de ser atacado por un gato grande, como un león o un tigre son mucho menos del 1%, pero las posibilidades de morir son, por supuesto, muy altas.

Esto significa que los inversores no solo deberían considerar la probabilidad de un mal resultado sino también la magnitud. Ser un inversor de bajo riesgo significa no solo que te estás protegiendo de las posibilidades de perder dinero, sino también que te estás asegurando de que ninguna de tus pérdidas tenga consecuencias significativas en su vida financiera.

Veamos algunos ejemplos. Las acciones relacionadas con las nuevas tecnologías tienden a ser muy riesgosas. Es común que la mayoría de las tecnologías experimentales falle, y debido a esto, las acciones relacionadas con ellas también disminuyen. Si recuerdas el ejemplo de los automóviles en el cambio de siglo, el 90% de las compañías automovilísticas de aquel entonces fracasaron. En este caso, la inversión en acciones relacionadas con las empresas de la industria del automóvil era extremadamente arriesgada, porque había una alta probabilidad de rendimiento inferior, ya que la mayoría de las empresas fracasaría. También hubo un gran potencial de bajo rendimiento (cuando esas acciones fracasaron, perdieron más del noventa por ciento de su valor).

Por otro lado, la mayoría de los bancos de buena reputación ofrece un perfil de riesgo diferente, como mencionamos anteriormente. Hay muy pocas probabilidades de que un inversor no reciba el interés de sus inversiones, incluso si hay retrasos en el pago.

Los inversores también deben ser conscientes de la influencia que la diversificación tiene en su cartera de inversiones. En términos generales, las 100 empresas clasificadas por Fortune como las mejores tienen acciones seguras que pagan dividendos, y debido a esto, los inversores pueden esperar grandes rendimientos después de algunos años.

Si un inversor tiene la mayor parte de su dinero en una acción, las probabilidades de que suceda un mal resultado pueden ser bajas, pero las consecuencias son altas. Sin embargo, si tienes un portafolio con 10 acciones diferentes, no solo disminuyes el riesgo de que tu cartera tenga un rendimiento inferior, sino que también estás disminuyendo la posibilidad de tener un declive catastrófico de tu cartera total.

Unas últimas palabras sobre el tema

Cada inversor debe considerar el riesgo y ser hasta cierto punto flexible. Por ejemplo, la diversificación es un elemento importante de riesgo. Puede tener grandes consecuencias tener una cartera con activos que en su mayoría son de bajo riesgo, pero el hecho es que tienen el mismo riesgo. También hay otros factores importantes que deben considerarse al hablar de riesgo, como los rendimientos esperados y el horizonte temporal. Como regla general, cuanto más tiempo pueda esperar un inversor, más probable es que obtenga sus retornos. Definitivamente existe una relación entre el riesgo y el rendimiento, y aquellos que esperan rendimientos significativos tendrán que lidiar con un mayor riesgo de bajo rendimiento. El conocimiento también juega una papel importante en la identificación de las inversiones que tienen la mejor posibilidad de alcanzar o superar los rendimientos esperados y la comprensión del grado de lo que puede salir mal.

Capítulo 7: Creando un plan de inversión

Para crear un gran plan de inversión, debes comenzar por conocer la razón principal por la que estás invirtiendo. Una vez que tengas un objetivo claro en mente, será mucho más fácil seleccionar las opciones que te llevarán allí. Echemos un vistazo a las cinco cosas que debes considerar para crear un plan de inversión firme según tus propios objetivos.

Paso #1: ¿Cuál es tu objetivo principal?

Al elegir tu inversión, debes tener un objetivo principal en mente. Las principales características son seguridad, ingresos y crecimiento. Debes elegir cuál de esos tres elementos es más importante. ¿Estás buscando tener nuevas fuentes de ingresos, invertir a largo plazo para que puedas cosechar los beneficios muchos años después, o acaso conservar tu valor principal es lo más importante para ti?

Tu plan dependerá mucho de tu edad actual. Cada grupo de edad tiene sus propios requisitos. Por ejemplo, si tienes cincuenta años o más, al crear un plan de inversión, también deberías pensar en un plan de ingresos para la jubilación. Al elaborar un plan de ingresos para el retiro, sabrás cuáles son sus posibles fuentes de ingresos y tendrás una idea clara de sus gastos. También te ayudará a saber en qué momento tendrás que usar tu dinero. Una vez que el marco de tiempo sea claro, podrás elegir fácilmente entre inversiones a corto, mediano o largo plazo.

Paso #2: ¿Cuánto dinero puedes destinar a tus inversiones?

Aunque existen opciones de inversión para una amplia gama de presupuestos, muchas inversiones requieren cantidades mínimas, por lo que antes de continuar, debes determinar la cantidad realista de dinero que tienes disponible para invertir. Otra cosa a considerar es si deseas invertir una cantidad específica en una forma de "configurar y olvidar", o si prefieres hacer contribuciones periódicas.

Descubrirás que hay fondos mutuos indexados que permiten a los inversores abrir una cuenta con importes tan conservadores como tres mil dólares y también incluyen la opción de establecer planes automáticos de incluso $50-100 por mes. No se requiere ninguna acción de tu parte, ya que ellos se asegurarán de que los fondos se transfieran desde una cuenta de cheques a la cuenta de inversión. Esto es básicamente un promedio de costo en dólares, ya que estás fijando una cantidad fija de dinero para invertir durante los períodos elegidos.

Por supuesto, cuanto más dinero tengas disponible para invertir, más opciones tendrás para elegir. Cuando se trata de números más grandes, es más fácil diversificarse y, como resultado, podrás minimizar el riesgo. Como discutimos en el capítulo de diversificación, una de las decisiones más importantes que tomarás es elegir la proporción correcta de acciones versus bonos para ti. En este punto, también debes decidir si deseas construir tu cartera bajo la orientación de un asesor financiero o no.

Paso # 3: ¿Cuándo necesitarás el dinero?

Es esencial establecer un marco de tiempo con el que puedas cumplir de manera realista. Por ejemplo, si necesitas el dinero de la inversión para comprar una casa en un par de años, tu plan de inversión se verá muy diferente al de aquel que esté interesado en tener dinero para la jubilación y esté poniendo dinero en un plan 401k cada mes.

En el primer ejemplo, lo que más te preocupa es la seguridad, porque necesitas el dinero para tu futura compra. En el segundo ejemplo, estás invirtiendo para la jubilación, y si faltan años o décadas para que te retires, no importa cuánto haya dentro de la cuenta después de uno o dos años. Lo que más te preocupa es tomar decisiones que ayudarán a tu cuenta a alcanzar su objetivo deseado para cuando llegues a la edad de jubilación. Muchas veces, es necesario tener dinero invertido durante al menos 5 años para ver un crecimiento significativo.

Paso # 4: ¿Cuál es tu tolerancia al riesgo?

Es posible que estés reservando dinero y prefieras ir por la ruta más segura posible o que sientas que está bien arriesgarse y posiblemente perder todo tu dinero. Debes conocer tu tolerancia al riesgo considerando los pasos anteriores. También debes diversificar para disminuir el riesgo.

Ten cuidado de crear una cartera que consista principalmente en inversiones de alto rendimiento. Es casi imposible encontrar una inversión de alto riesgo con bajo rendimiento. Si dependes del dinero, entonces es mejor obtener rendimientos más modestos que intentar ir por todo. Si decides ir por los grandes riesgos, ten en cuenta que puede ser fácilmente contraproducente y experimentarás pérdidas significativas.

Paso # 5: ¿En qué deberías invertir?

Demasiados inversores novatos buscan el primer activo que suene interesante o que le recomendaron familiares o amigos. Es mucho mejor proceder enumerando una lista diversa de opciones que te ayudarán a alcanzar tu meta. Entonces es hora de hacer una investigación exhaustiva para que puedas comprender los pros y los contras de cada opción. El siguiente paso debería ser reducir tus opciones solo a aquellas de las que realmente te sientas seguro.

Ciertos tipos de inversiones son excelentes para el dinero a largo plazo, mientras que otros son más a corto plazo y requieren que tomes más riesgos.

Ejemplo de plan de inversión

Meta: tener suficiente dinero ahorrado para cuando tengas 60 años y quieras retirarse.

Monto: $70,000 inicialmente y luego $20,000 cada año en un 401k.

Límite de tiempo: a partir de los 60 años, se retirarán $15,000 cada año.

Tolerancia al riesgo: Tolerancia al riesgo moderada. Las inversiones que se centran en el crecimiento son ideales, siempre y cuando al final de cada año se logre el objetivo de $20,000.

Tipo de inversión: los fondos mutuos indexados en el 401k probablemente sean la mejor opción. Tienden a tener tarifas más bajas y se ajustan al plan de inversión general.

Una vez que hayas creado un plan de inversión, recuerda seguir con él. Realmente es una de las claves para convertirse en un inversor exitoso.

Capítulo 8: Cómo seleccionar una cuenta de inversión

No podrás comenzar a invertir si no tienes una cuenta de corretaje. Para comenzar a invertir en acciones, forzosamente necesitarás una. Las diferentes cuentas tienen diferentes costos de comisión y mínimos de inversión. Pero hay otros factores que debes tener en cuenta, tales como: tarifas inesperadas, restricciones, servicio al cliente deficiente, etc. Lo que al principio parecía ser la mejor opción para ti, puede terminar por convertirse en una pesadilla.

Echemos un vistazo a cómo seleccionar la mejor cuenta de inversión según tus necesidades. Esto es lo que debes tomar en cuenta al buscar tu primera cuenta:

La cantidad de dinero que tienes. Cada tipo de cuenta indica el mínimo que un corredor necesita para abrir una cuenta.

Tipos de activos que te interesan. Las acciones también son fondos típicos y de inversión. Sin embargo, las selecciones pueden ser variadas. Verifica las opciones del corredor si estás interesado en una inversión específica.

Con qué frecuencia harás transacciones. Si eres el tipo de inversor que compra y aguanta, los costos de transacción no te preocuparán tanto como a los inversionistas más activos.

Nivel de servicio que requerirás. Los inversores principiantes pueden apreciar cosas como herramientas, orientación y consultas.

Cuánto sentido tiene la plataforma para ti. Deberías poder encontrar la plataforma del agente fácil de usar y los informes fáciles de entender.

Si pasas por alto alguno de estos factores al elegir una cuenta de corretaje, puedes encontrarte rápidamente con situaciones desagradables.

Derechos de inscripción

Cada corredor tendrá una tarifa de inscripción que depende del tipo de cuenta que estés abriendo. Es normal que haya una tarifa mínima de $500-3000 al abrir una cuenta regular. Puede haber tarifas mínimas o nulas para las cuentas de jubilación.

A veces, puedes encontrar un corredor que se ajuste a todos tus requisitos, pero puede que te resulte difícil pagar la tarifa inicial; si este es el caso, en lugar de buscar otro corredor que tenga un cargo más bajo pero que no se ajuste a tus criterios, sería mejor posponer tu inversión hasta que tengas suficiente para abrir la cuenta.

Mínimos de inversión

Supongamos que puedes pagar la tarifa inicial. Por lo general, también hay un requisito mínimo de inversión que deberás cumplir. Esto suele ser sencillo para los inversores bursátiles: solo tienen que pagar el precio de la acción + la comisión. Esto también se aplica a los inversores de Fondos Cotizados en Bolsa. Es más complejo con los fondos mutuos: la inversión inicial mínima puede ir de $1600 a 2000. Después de alcanzar este mínimo, es normal que se permitan inversiones de menor monto.

Costos de negociación

Los inversores que usan el estilo de comprar y aguantar generalmente pueden pagar más por las comisiones para tener acceso a las funciones importantes que pueden considerar valiosas. Sin embargo, para los inversores que recién están comenzando con la creación de una cartera diversificada de acciones, es una mejor idea planificar para mayores costos de negociación por adelantado. Una vez que hayas asumido tu posición, las comisiones tendrán menos efecto en ti.

Si planeas operar con frecuencia (digamos 8-10 + intercambios cada mes), debes priorizar los costos de comisión más bajos. Si realizas 12 transacciones cada mes a $12.99, éstas se acumularán rápidamente y terminarás pagando más de 1800 antes de fin de año. Notarás en ocasiones que la comisión por operación parece ser baja, pero los costos pueden estar ocultos en otros lugares. Es posible que algunos corredores con comisiones muy bajas no ofrezcan cosas valiosas, como herramientas de investigación o un servicio al cliente de calidad. También hay varias aplicaciones gratuitas de negociación, pero sus servicios son por lo general muy básicos y, a menudo, los dividendos no se reinvertirán automáticamente. Estos servicios básicos tienden a respaldar solamente cuentas imponibles, lo que deja fuera a los IRA.

Hay otras tarifas que debes consultar. Por ejemplo, honorarios administrativos anuales/trimestrales de IRA (que a veces se aplican cuando no se mantiene un saldo de cuenta determinado, por ejemplo), tarifas de inactividad (no alcanzar un número mínimo de transacciones durante el período) o agregar tarifas para tipos específicos de informes (algunos informes premium pueden costar docenas o incluso cientos de dólares).

Trata de aprovechar los bonos solo por firmar, ya que pueden ser excelentes soluciones para los inversores que no desean que sus depósitos iniciales sean golpeados por comisiones. Muchos corredores ofrecen grandes ofertas, como intercambios libres de comisiones o créditos como recompensas por abrir una cuenta. El valor de estas bonificaciones tiende a basarse en el importe de la inversión inicial o puede tener requisitos específicos, como solicitar a los clientes que establezcan depósitos automáticos cada cierto período. Por supuesto, no te dejes influenciar por bonificaciones atractivas. Es el paquete general lo que cuenta a largo plazo. Firma solo después de estar seguro de que el corredor será ideal para ti una vez que finalice la promoción.

¿Qué tan bueno es el servicio al cliente?

Cuando se trata de cuentas de inversión, un excelente servicio al cliente puede hacer la diferencia. Puede ayudar a los inversores principiantes a ahorrar mucho dinero. Para un inversor novato, hacer su primera compra puede ser un proceso lleno de ansiedad cuando no está 100% seguro de estar haciendo las cosas bien. Además, tener una cantidad importante de herramientas a tu disposición es de poca utilidad si no sabes cómo usarlas adecuadamente.

Decide qué nivel de servicio y orientación prefieres, y

verifica si adquirir el soporte ideal para ti tiene tarifas adicionales. Es común que los intercambios asistidos por agentes corredores cuesten alrededor de diez a cincuenta dólares. Algunas compañías solo te brindarán asistencia por teléfono y correo electrónico.

Hay varias formas de acceder al servicio al cliente. Podría ser a través de correo electrónico, preguntas frecuentes, teléfono, mensajería instantánea, videos, etc. Algunas de las casas de corretaje más caras incluso dan a sus clientes la opción de programar consultas y, en ocasiones, organizar eventos como seminarios. Antes de suscribirte a los servicios de estas compañías, generalmente te ofrecen una sesión de prueba para que puedas ver todos los servicios de su plataforma.

¿Qué tan simple o difícil es dejar de usar la cuenta?

Es común que los inversores primerizos se cambien a otra cuenta de inversión en algún momento posterior. No es necesario seguir usando una cuenta para siempre si encuentras otra que se adapte mejor a tus necesidades en el futuro. En algunos casos, no podrás contratar al corredor ideal para tus requisitos porque si lo haces, entonces no podrías pagar la tarifa inicial o el mínimo de inversión. En otros momentos, después de invertir por un tiempo, estás listo para pasar a una estrategia más sofisticada que requiere un tipo diferente de corredor.

Si sospechas que te cambiarás con otro corredor después de un tiempo, entonces lo mejor es investigar un poco sobre la cuenta que te interesa y obtener información sobre sus tarifas de transferencia y liquidación. Estas pueden oscilar entre $20 y $80 dólares, principalmente dependiendo de si realizas una transferencia parcial o completa y el tipo de cuenta. Por ejemplo, mover dinero de IRA generalmente es menos costoso que mudarse de una cuenta imponible típica.

Capítulo 9: Lo que debes tomar en cuenta antes de hacer tu primera inversión

Los inversores primerizos a menudo se preguntan cómo crear la mejor cartera de inversión, pero como sabes ahora, no existe un estándar establecido para una cartera ideal, porque cada individuo tiene necesidades únicas y su propia tolerancia al riesgo, conocimiento, control emocional, etc. Lo que funciona bien para uno de tus amigos cercanos podría no funcionar para ti. De hecho, la estrategia de inversión que uses a tus 20 años podría no funcionar para ti en la próxima década.

Aquí hay algunas cosas importantes que debes considerar antes de realizar tu primera inversión.

–Sé consciente de cómo se comporta cada clase de activo. Tener una buena estrategia de asignación de activos es muy importante. Equilibrar los pros y los contras de cada una de las clases de activos que te interesan te ayudará a tomar una decisión importante. Echemos un vistazo a cómo se comportan los más populares.

Acciones: Históricamente, las acciones han proporcionado las mayores rentabilidades a largo plazo. Las acciones representan participaciones de propiedad en compañías que venden bienes y servicios reales. Las acciones tienden a tener fluctuaciones diarias, y en algunos casos, estas fluctuaciones pueden ser muy significativas. Aquellos que han invertido en acciones saben que es normal ver que el valor de mercado temporal de sus inversiones disminuya un 30% o incluso más cada 2-3 años. Si te interesa invertir en acciones a largo plazo, probablemente verás que tus adquisiciones disminuyen hasta en un cincuenta por ciento varias veces a lo largo de los años.

Bienes raíces: este tipo de activos generalmente son buenos para mantenerlos al largo plazo. Los bienes raíces tienden a no crecer mucho más allá de la inflación. Por supuesto, si eres el afortunado propietario de un área de alta demanda donde el suministro es limitado y el crecimiento de la población está en auge, espera que el valor de tu propiedad continúe aumentando mucho más allá de la inflación. Si estás alquilando tu propiedad, espera que te devuelva grandes ganancias que luego puedes reinvertir o ahorrar. Para aquellos que están bien con usar un poco de apalancamiento con hipotecas garantizadas, cada dólar en acciones puede hacer mucho más, ya que generalmente te permitirá adquirir un valor de dos o tres dólares por propiedad. Por supuesto, esto puede provocar la bancarrota si las cosas van mal, pero un buen inversionista es capaz de manejar sus riesgos.

Bonos: Lo bueno de los bonos es que, por así decirlo, tienen un mecanismo de seguridad en ellos, y sin importar cuánto bajen sus precios, si la compañía subyacente tiene suficiente efectivo para cumplir con sus obligaciones contractuales, serán redimidos. Lamentablemente, el valor del dinero que te prometen disminuirá en términos de tu poder adquisitivo debido a la tasa de inflación, que puede acelerarse. Esto puede ser desastroso para los bonos de tasa fija que están bloqueados durante un par de décadas o más.

Efectivo: Siempre es una buena idea incluir cosas en efectivo y equivalentes de efectivo como clases de activos, porque pueden proporcionarte combustible para comprar bonos, acciones y otros activos a bajo precio durante los accidentes o tiempos difíciles. Incluso pueden pagar tus facturas en tiempos de crisis. La desventaja del efectivo o equivalentes de efectivo (como los depósitos bancarios) es que tienden a devolver casi nada después de contabilizar la inflación y, en algunos casos, incluso pueden perder poder adquisitivo. Hace años, las cuentas de cheques y de ahorro eran excelentes opciones para los inversores, pero actualmente, solo deben usarse estratégicamente si estás interesado en obtener una rentabilidad significativa.

Tener flujo de caja vs crecimiento a largo plazo

Hay clases de activos que te proporcionarán flujos de ingresos que puedes usar hoy, mientras que hay otros que te recompensarán a largo plazo. Además, las compañías que pagan dividendos también se pueden usar para el crecimiento a largo plazo, porque siempre puedes usar los dividendos para obtener más acciones. A lo largo de las décadas, esto puede marcar una gran diferencia.

En bienes raíces, por ejemplo, hay proyectos que requieren mucho flujo de caja para mantener la equidad, pero al final pueden tener un gran beneficio, mientras que hay otras opciones donde la oportunidad de reinversión es muy limitada, como una pequeña casa sin salida al mar o un edificio que no puede ser expandido.

Tus necesidades personales de liquidez

La liquidez es un concepto muy importante para cada inversor, y debes saber qué tan probable es que necesites el dinero que has dejado de lado. Si tu período de tiempo proyectado para invertir es de menos de cuatro a cinco años, entonces las acciones y bienes raíces (en general) no deberían estar en tu lista.

A algunos inversores les gusta seguir ciertas pautas, por ejemplo, siempre conservan al menos el 15% de su cartera en efectivo o equivalentes de efectivo para que tengan liquidez. Al final, la respuesta correcta depende por completo del precio que puedes obtener en ese momento y tus objetivos y requisitos personales como inversor.

Conclusión

Por desgracia, no es común que se nos enseñe en la escuela o por nuestros padres a cómo planear nuestro bienestar financiero. Contar con seguridad financiera es muy poco usual, y para muchas personas, la mejor manera de lograrla es ahorrando e invirtiendo dinero en el largo plazo.

Por supuesto, no se puede garantizar que realmente generarás dinero de tus inversiones, pero al menos contando con los datos correctos y entendiendo cómo funciona, podrás elaborar planes inteligentes que eventualmente te den seguridad financiera, y a lo largo de los años podrás cosechar las ganancias y los beneficios de saber cómo administrar tu dinero.

Ahora que has terminado de leer el libro, por favor prioriza el continuar aprendiendo y expandiendo tu educación financiera. Un muy buen paso siguiente sería investigar a profundidad los tipos de activos en los que estás más interesado y qué están haciendo estos actualmente en el mercado.

Finalmente, si has disfrutado este libro, por favor considera dejar una reseña en la plataforma. Las reseñas son una de la forma más fácil de apoyar el trabajo de autores independientes.

¡Gracias y buena suerte!

Made in United States
North Haven, CT
02 January 2024

46854465R00049